FUNÉRAILLES

DE

M. LE PASTEUR JUILLERAT

PRÉSIDENT

DU CONSISTOIRE ET DU CONSEIL PRESBYTÉRAL

DE L'ÉGLISE RÉFORMÉE DE PARIS

13 MARS 1867

J'ai gardé la foi.
(2 TIMOTHÉE IV, 7.)

DE LA PART DE LA FAMILLE

PARIS

TYPOGRAPHIE DE CH. MEYRUEIS

13, RUE CUJAS

FUNÉRAILLES

DE

M. LE PASTEUR JUILLERAT

PRÉSIDENT

DU CONSISTOIRE ET DU CONSEIL PRESBYTÉRAL

DE L'ÉGLISE RÉFORMÉE DE PARIS

13 MARS 1867

J'ai gardé la foi.
(2 TIMOTHÉE IV, 7.)

DE LA PART DE LA FAMILLE

PARIS

TYPOGRAPHIE DE CH. MEYRUEIS

13, RUE CUJAS

1867

L'Eglise Réformée de Paris avait appris avec la plus vive émotion, le dimanche 10 mars, que son vénérable pasteur M. Juillerat était à toute extrémité. Le prédicateur appelé à monter en chaire dans le temple de Pentemont avait ce jour-là entretenu les fidèles de ce deuil prochain, et toutes nos églises avaient retenti de prières en faveur de ce frère qui terminait, dans la paix de Dieu, une longue et pieuse carrière. M. le pasteur Juillerat expira le lundi matin après une agonie prolongée mais tranquille. Les funérailles eurent lieu le mercredi 13.

Conformément au vœu de la famille, qui avait tout réglé à l'avance et qui n'avait voulu obtenir du Conseil presbytéral que l'autorisation de transporter la dépouille mortelle dans le temple de l'Oratoire pour permettre à un plus grand nombre de personnes de partager le deuil et l'édification de ces obsèques, plusieurs pasteurs furent chargés de prendre la parole et de donner une voix à la douleur de tous.

L'édifice religieux était plein de fidèles, qui témoignaient par leur recueillement et leur tristesse des regrets et du respect universels qui entourent la mémoire de notre bienheureux frère. Des amis de différents cultes assistaient à cette cérémonie. Les pasteurs en robe entouraient le catafalque, et, parmi eux, on reconnaissait une députation de la confession d'Augsbourg présidée par M. le pasteur Meyer, inspecteur ecclésiastique et président du Consistoire. Les diverses autorités s'étaient fait représenter ou avaient exprimé par lettres leurs sympathies.

M. le pasteur Rognon monta en chaire, au milieu d'un silence solennel et d'une émotion générale. Après l'invocation du nom de Dieu, une courte prière et la lecture des passages suivants des saintes Ecritures :

2 Corinthiens V, 1-10 ; 2 Timothée IV, 6-8 ; Hébreux XIII, 7, il prononça d'une voix émue le discours que nous reproduisons ici.

Mes bien-aimés frères en Jésus-Christ, notre Seigneur,

D'où vient la tristesse dont nous sommes tous saisis et qui est empreinte sur tous les visages ? Pourquoi cette émotion qui nous gagne en face de ce cercueil et qui me rend difficile l'accomplissement de ma tâche ? Sans doute nous sommes touchés de la perte qui afflige une famille particulière. Car la nature humaine a été calomniée par ces moralistes qui ont voulu ramener à l'égoïsme nos actes et nos sentiments. Il y a encore de généreuses pensées et des sympathies qui nous associent aux malheurs de nos frères. En ce moment tous nos chagrins personnels font silence, nous sommes tout entiers à une seule douleur ; ou plutôt chacune de nos blessures se rouvre au fond de nos âmes ; nos épreuves, nos deuils se réveillent devant ce deuil, devant cette épreuve de nos amis ; et tous ensemble, d'un seul cœur, d'un seul élan, nous disons à cette fille dévouée qui vient de perdre l'objet d'une respectueuse tendresse et le but terrestre de sa vie, à ce fils qui regrette un père si vénérable, à cette autre fille qui s'unit à de si légitimes regrets, à tous les membres de cette famille affligée mais chrétiennement résignée : Votre deuil est le nôtre ; nous pleurons avec vous ; il nous semble que, comme vous, nous venons rendre hommage à un père qui nous a quittés, et que nous ne reverrons plus sur la terre!...

Toutefois, cette sympathie naturelle n'explique pas seule le sentiment qui nous fait transformer une douleur privée en une douleur publique. Nous comprenons tous que nous avons fait une grande perte en voyant disparaître le chef respecté qui marchait à notre tête, et comme le patriarche du corps pastoral et de cette Eglise.

Son influence et son action nous laissent un vide cruel. Bien qu'il dût se résigner à une retraite relative et que, selon l'expression du dix-septième siècle, il eût déjà mis pour lui-même « un intervalle entre la vie et la mort, » il présidait jusque dans ces derniers temps, ou, pour me servir du mot consacré par nos pères, il « modérait » les délibérations du Consistoire et du Conseil presbytéral de notre Eglise. Il agissait encore sur le troupeau par sa présence recueillie et assidue dans nos saintes assemblées. Il faisait sentir sa bienfaisante influence par le choix de ceux qui le remplaçaient auprès de vous. Son initiative combinée avec les vœux et les décisions du Consistoire vous a donné des suffragants tels que M. le pasteur GrandPierre, retenu loin de nous par une maladie heureusement en voie de convalescence, et qui

aurait eu, sans cette circonstance, le privilége de monter à ma place dans cette chaire ; tels que M. le pasteur
Adolphe Monod dont je puis bien dire, sans être sus-
pect de flatterie ni d'exagération, qu'il nous a été enlevé
par la mort dans toute la pureté d'une belle vie et dans
tout l'éclat d'un incomparable talent ; tels enfin que
MM. les pasteurs Guillaume Monod et Dhombres que je
ne peux louer puisqu'ils sont, grâces à Dieu, vivants et
agissants au milieu de nous, mais dont l'Eglise de Paris
apprécie les éminents services. En dehors de tout ce
qu'il pouvait faire encore,, notre vénérable frère nous
était d'un prix inestimable par sa seule existence et par
la joie que nous éprouvions de le savoir près de nous.
Quel est donc le cœur assez ingrat et assez dur pour
penser que les vieillards sont inutiles ? Et combien les
saintes Ecritures ne sont-elles pas plus humaines quand
elles nous recommandent de nous incliner devant la
couronne des cheveux blancs ! Quoi de plus beau et de
plus nécessaire qu'une noble vieillesse, avec sa sérénité
désintéressée, avec sa bienveillance qui n'est plus trou-
blée par aucune rivalité, par aucune ambition, avec cette
dignité de caractère qu'elle enseigne aux hommes mûrs
tentés par les passions et les agitations de la terre ?
Notre digne et bien-aimé frère nous servait encore par
le souvenir et par la contemplation d'une vie sans tache
et d'une âme qui n'avait jamais recherché les vanités du

siècle ni les passagères faveurs du monde. Il représentait l'unité et les traditions de l'Eglise réformée de France. D'un côté, il donnait la main aux pasteurs du *Désert,* de l'autre, il prêtait son appui aux nouveaux besoins et aux nouvelles destinées d'une Eglise qui, tout en demeurant fidèle à son passé, doit se mettre en harmonie avec la société moderne. M. le pasteur Juillerat comprenait cette double nécessité et il s'est toujours distingué par un double trait : l'attachement qu'il gardait aux doctrines essentielles du christianisme et l'amour sincère qu'il portait à notre Eglise. Mais cet attachement aux dogmes fondamentaux de la foi était accompagné de largeur ; comme cet amour pour l'Eglise était associé à un respect sincère pour la liberté religieuse. Croyant sans étroitesse, il tenait à l'Eglise établie sans intolérance ; et plusieurs fois il a défendu les manifestations de la piété qui se sont produites en dehors des cadres officiels. Il se rattachait aux grands souvenirs de la Réformation et avait gardé l'esprit de nos glorieux ancêtres. Il avait suivi le réveil religieux dans le retour aux croyances chrétiennes dont ce réveil fut le signal pour nos troupeaux ; mais il n'eut pas besoin d'être entraîné par ce mouvement parce qu'il n'avait jamais abandonné les saines traditions de la Réforme. C'est donc une de nos belles et antiques figures qui disparaît, et cette perte doit nous être d'autant plus sensible à une époque où tant d'illustrations qui ne sont pas remplacées, nous manquent tout à coup, où la transition pénible entre un âge qui commence et un âge qui finit, est accompagnée de si fâcheux symptômes, que nous demeurons incertains et anxieux entre nos regrets et nos espérances.

Permettez-moi, chers et bien-aimés frères, de tracer une courte biographie du respectable serviteur de Dieu que nous pleurons :

Monsieur le pasteur Juillerat (Henri-François) est né au Locle, huit ans avant la première et pure aurore de la Révolution française, le 22 avril 1781. Il devait s'écouler encore six ans avant que le roi Louis XVI publiât l'édit de tolérance qui permettait aux protestants, non pas de célébrer librement leur culte, mais d'avoir une existence civile. Ce fut aux Eglises, à peine sorties de la persécution et des orages de notre grande révolution sociale et politique, que M. Juillerat se sentit appelé à consacrer sa vie. Il fit ses études à Lausanne et fut consacré en 1805. Pasteur pendant dix-huit mois à Pignan, il eut bientôt à choisir entre la chaire de Montpellier et celle de Nîmes, qui s'offraient toutes les deux à lui. Il opta pour Nîmes, où il exerça les fonctions du saint ministère jusqu'en 1816. Sa prédication eut un tel succès que les populations environnantes accouraient de trois et quatre lieues pour l'entendre ; et, quoique notre vie moderne, si pressée et si haletante, rende les générations actuelles si facilement oublieuses, je ne doute pas qu'il n'y ait encore dans le midi de la France, malgré tant d'années écoulées, des cœurs qui seront attristés par la nouvelle de cette mort d'un fidèle ministre de Jésus-Christ. Nommé à Paris le 21 mars 1816, en remplacement de Rabaut-Pommier, confirmé le 15 mai, installé le 18 août de la même année, M. Juillerat devint président du Consistoire en 1836, après la mort de M. Jean Monod, qui a laissé dans l'Eglise de Paris de précieux et honorables souvenirs. Obligé, enfin, par le poids des années à se faire remplacer par des suffragants, il monta pour la dernière fois dans la chaire de l'Oratoire, lors de l'installation des pasteurs nommés aux deux dernières places créées par le gouvernement.

Ainsi quatre-vingt-six ans de vie; près de soixante-deux ans de ministère; cinquante ans de travaux apostoliques à Paris; trente ans de présidence du Consistoire : n'est-ce pas le résumé d'une carrière longue et heureuse; n'est-ce pas pour nous tous, au milieu même de notre deuil, le devoir de remercier Dieu, qui n'a repris son serviteur que rassasié de jours, et, à travers les épreuves inévitables qui font l'éducation de notre âme pour le ciel, comblé des plus rares bénédictions?

Cette existence honorable, que la dignité du caractère, des goûts et des talents distingués avaient embellie, n'a pas été sans un reflet de ce que notre vanité humaine appelle la gloire. Le 12 novembre 1815, les protestants de Nîmes célébraient leur culte reconnu par le gouvernement de la Restauration et maintenu contre les fureurs d'une réaction fanatique. Le pasteur qui officiait fut tout à coup interrompu par les clameurs d'une multitude frénétique dont les flots grossissaient autour du temple et pénétraient dans cette paisible et auguste enceinte. « Il poursuivit ses prières, dit un grave historien, d'un front serein, d'une voix calme, au milieu des cris de mort d'une populace effrénée, et se fit respecter des furieux qui ne respectaient plus la majesté du sanctuaire. Il avait compris que le moindre signe de faiblesse de sa part aurait pu entraîner une affreuse catastrophe. Ce courage est à la fois plus rare et plus grand que celui du soldat sur le champ de bataille (1). »

Vous avez tous compris que ce pasteur était M. Juillerat, aujourd'hui l'objet de nos regrets et de notre douleur. Si l'on a justement admiré l'énergie d'un autre protestant, de Boissy d'Anglas, conservant la dignité sous l'indignation et saluant la tête d'une victime immolée par la fureur populaire, nous ne pouvons que payer aussi un légitime tribut d'admiration à ce ferme courage qui sauva la vie à tant de personnes en contenant l'effroi d'une assemblée menacée par d'odieux sicaires. Ajou-

(1) De Félice, *Histoire des Protestants de France.*

tons, pour rendre justice à tous, que l'autorité s'empressa d'envoyer du secours aux protestants en péril. Le général Lagarde vint avec des soldats protéger la liberté de conscience. M. Juillerat put, après avoir achevé ses prières, sortir du temple emportant dans ses bras l'enfant qui plus tard devait être la fille dévouée, appui de sa vieillesse, que nous aimons tous, que les pauvres connaissent, et qui pleure en ce moment au milieu de cette fraternelle assemblée. Pourquoi suis-je forcé de dire encore que si le général Lagarde, un émigré, un catholique, donna cette belle preuve de dévouement militaire et de respect pour la liberté des cultes, il fut aussi le martyr de son obéissance? A l'instant même où il protégeait une réunion chrétienne inoffensive, il reçut en pleine poitrine un coup de feu dont il est mort quelques années après, sans que jamais l'assassin qui commit ce crime ait été atteint par un juste châtiment. Je n'évoque de tels souvenirs que pour offrir un pieux hommage à notre frère qui est ainsi entré dans l'histoire, et pour nous rendre plus chères à tous l'égalité des cultes et la haute protection des lois dont nous jouissons en des temps plus prospères.

Et maintenant, de cette existence consacrée à Dieu et au devoir, ne restera-t-il rien sur la terre? N'y a-t-il que là-haut de longs souvenirs et des affections durables? Certainement, tout passe en ce monde qui passe lui-même. Mais qui donc a osé dire que les « morts vont vite » et que les vivants s'empressent de les oublier? N'est-il pas vrai, au contraire, que nos morts bien-aimés sont plus vivants que jamais dans notre âme, que nous portons avec nous dans nos cœurs leur mémoire toujours présente ; que nous les consultons involontairement dans les difficultés de la vie ; que nous nous demandons parfois ce qu'ils auraient pensé de nos décisions, de nos sentiments et de nos actes? Cher et vénéré frère, agréez ces efforts d'une voix qui vous fut sympathique, ces élans d'un cœur qui comprenait le vôtre. Je ne vous cherche plus dans ce cercueil qui contient votre dépouille respectable, sans doute, mais destinée à bientôt disparaître; je vous contemple dans les mystérieuses régions de l'éternité, où votre âme, justifiée par la foi et rachetée par le précieux sang de Jésus-Christ, a enfin trouvé la paix et la vraie gloire. Ah! soyez vivant longtemps encore parmi nous. Que votre mémoire nous prêche et nous exhorte! Dites-nous que la vie est un songe, que quatre-vingt six ans ne sont plus rien quand le terme en est arrivé, quand l'abîme du passé a englouti cette durée qui semblait si longue. Parlez d'union et de fraternité à cette Eglise et à vos anciens collègues. Enseignez-nous à rechercher ce qui nous rapproche dans la même foi plutôt que ce qui nous divise. Bénissez encore, bénissez ce troupeau que vous avez chéri, et demandez à Dieu pour lui de constants progrès, des destinées spirituelles vraiment heureuses, l'accord des âmes dans la vérité par la charité. Amen.

Après ce discours, M. le pasteur Guillaume Monod est monté en chaire et a prononcé la prière suivante :

O notre Dieu, Père de notre Seigneur et Sauveur Jésus-Christ !

Le voilà donc terminé, ce long et fidèle ministère ! Voilà brisé le dernier lien qui retenait encore parmi nous ce conducteur vénéré et aimé de notre Eglise ! Tu nous avais préparés de loin à son départ ; tu nous avais privés depuis longtemps d'une partie de son ministère ; mais ce qui nous en restait encore nous était si précieux ! son active direction de notre Eglise, son dévouement à ses intérêts, l'autorité de son caractère et de son exemple, ses prières et ses encouragements, l'influence de sa foi, de sa piété et de sa douce charité, qui semblaient croître à mesure que diminuaient ses forces. Nous te bénissions de ce que tu nous conservais tout cela, et nous pensions moins à ce que nous avions perdu, qu'à ce qui nous était laissé. Maintenant que tout nous est ôté, nous élevons vers toi nos cœurs affligés, attendant de toi la consolation pour sa famille et pour l'Eglise, qui pleurent sa perte. Nous ne murmurons point, sachant qu'il est allé à ce Sauveur en qui il avait cru comme un humble pécheur, pour recevoir de sa grâce la couronne de justice, et sachant aussi que Celui qui donne à son Eglise les serviteurs fidèles, est Celui qui se charge de remplir le vide qu'ils laissent après eux en la quittant. Nous cherchons à recueillir précieusement les souvenirs de cette longue vie. Nous reconstruisons par la pensée cette carrière de plus de quatre-vingts ans, bénie pour lui, pour les siens, pour l'Eglise, bénie au milieu de beaucoup de douleurs et de combats, et durant laquelle il a vu comme renaître l'Eglise réformée de France. Pendant soixante ans, il s'est consacré à son service; il a souffert avec elle et pour elle dans les jours de la persécution; pour elle il a été en péril de mort, et puis il a élevé au milieu d'elle le vieux et glorieux drapeau des réformateurs, celui de l'Evangile de Jésus-Christ et des Apôtres, qu'il n'a cessé de tenir d'une main ferme jusqu'au jour où tu l'as rappelé à toi. Tous ces témoignages de ton amour pour lui et pour nos Eglises nous remplissent de reconnaissance au milieu de notre deuil, et nous assurent que nous pouvons t'invoquer avec confiance en faveur de tous ceux que tu frappes par sa mort. Nous t'invoquons pour sa famille : après lui avoir accordé la grâce de conserver au delà du terme ordinaire un père

si justement aimé (hélas! c'était sans la fidèle et coura-
geuse compagne qui l'avait assisté dans les jours de
force de son ministère!), après avoir donné aux siens,
surtout à sa fille bien-aimée, de consoler son veuvage
par des soins si tendres et si dévoués, tu béniras pour
eux le précieux héritage de sa foi, et tu exauceras les
prières qu'il t'a adressées pour ses enfants avant son
départ. Nous t'invoquons pour nous, ses compagnons et
comme ses fils dans le ministère, afin qu'il nous soit
donné d'imiter sa foi, et de redoubler de prières, de fidélité et de dévouement, comprenant l'appel sérieux que
tu nous adresses par son départ. Nous t'invoquons pour
cette Eglise qu'il a servie avec amour pendant cinquante
ans, heureux quand elle était heureuse, en angoisse
quand elle était en angoisse, pleurant sur les plaies de
notre Jérusalem, et te demandant avec ardeur son relè-
vement et sa délivrance. Ce qu'il te demandait pour
elle, nous te le demandons et nous l'attendons de ton
amour. Comme lui, nous attendons de ton amour le re-
lèvement de toutes nos Eglises. Nous reconnaissons,
avec actions de grâces, tout ce que tu as fait pour elles
durant les soixante ans du ministère de Juillerat, par
nos lois adoucies, par notre peuple auteur de ces lois,
par les princes qui se sont succédé à la tête de la
France, et surtout par ton Saint-Esprit réveillant la foi
et convertissant les pécheurs. Sur la tombe d'un pasteur

qui a touché de si près aux pasteurs du Désert, nous élevons nos mains et nos cœurs vers toi, te suppliant de consoler ton Eglise réformée de France de ses longues douleurs, et de faire d'elle la lumière et la gloire de la France, par la pureté et les progrès de sa foi, par la sainteté de ses mœurs, par la piété des pères et des mères de famille, par l'éducation chrétienne de nos enfants, et par la vie chrétienne des troupeaux et des pasteurs. Exauce-nous pour l'amour de ton Fils. Amen.

Le service du temple terminé, le cortége funèbre s'est dirigé vers le cimetière du Sud où le corps a été inhumé dans un caveau de famille. Avant que la tombe fût fermée, M. le pasteur Meyer a exprimé en paroles chaleureuses les regrets de l'Eglise de la confession d'Augsbourg.

Messieurs et chers frères,

Je réponds avec empressement à l'invitation qui m'est adressée en ce moment, de prendre la parole, parce qu'elle me fournit l'occasion de dire, dans une circonstance si solennelle, l'affection fraternelle qui nous unit à vous. Nos deux Eglises sont sœurs; ne l'oublions jamais; votre Sauveur est notre Sauveur; votre œuvre est notre œuvre; vos angoisses sont nos angoises, et votre espérance est notre espérance. Nous l'éprouvons d'une manière particulièrement émouvante en présence de la tombe où nous allons déposer la dépouille du chef vénéré de l'Eglise réformée de Paris; nous nous inclinons avec vous devant Dieu dans un même sentiment de deuil et de respect. Loin de moi la pensée de louer M. Juillerat; j'aime mieux lui rendre témoignage, et je ne puis mieux le faire qu'en déposant sur son cercueil ce mot qu'on a si bien choisi pour le mettre au bas des lignes qui nous ont appris son départ : « J'ai gardé la foi. »

Qu'il soit béni d'avoir gardé la foi! la foi en Christ, en Celui que les anges et les enfants de Dieu adorent! la foi en sa Parole, la foi en son sacrifice, en son sang répandu pour nous, en sa croix, notre unique espérance!

Qu'il soit béni d'avoir gardé cette foi, de l'avoir gardée depuis l'entrée de son ministère jusqu'à l'issue paisible de sa vie! de l'avoir gardée au milieu des périls de sa jeunesse, au milieu des luttes de son âge avancé, et d'avoir fait de cette fidélité invincible et calme comme le résumé de sa carrière!

Vous tous qui gardez cette foi, vous qui avez compris que sans elle il n'y a de salut ni pour l'Eglise ni pour les âmes, soyez bénis par le Saint-Esprit, pour grandir dans la foi, pour combattre, pour souffrir, pour prier, pour triompher dans la foi ! C'est là la divine grandeur de cette foi, qu'elle peut être le partage des plus humbles comme des plus puissants esprits, du brigand qui expire sur la croix, comme de l'apôtre qui s'apprête à mourir, en disant : « J'ai gardé la foi ! »

Ah ! que Dieu nous la donne, à nous surtout qu'il a chargés de la prêcher, à nous qu'il a établis pour la mettre en lumière, et pour l'élever comme un glorieux drapeau au milieu des hommes ! Qu'il la fasse vivre, grandir, brûler dans nos âmes, sur nos lèvres, dans notre vie ! et qu'à l'heure où autour de notre cercueil quelques chrétiens seront assemblés, comme auprès de celui-ci, on puisse, sur notre vie comme sur la sienne, déposer ce témoignage, plus beau qu'une couronne : « J'ai gardé la foi ! »

M. le pasteur E. de Pressensé a ensuite pris la parole en ces termes :

Messieurs,

C'est pour moi un privilége vivement senti de répondre à l'appel qui m'a été fait de représenter dans ce grand deuil l'une des fractions de notre protestantisme évangélique. Un chrétien éminent comme celui que nous pleurons, appartient tout ensemble à son Eglise et à l'Eglise universelle. Certes, M. le pasteur Juillerat appartenait de cœur et d'âme à la grande Eglise qu'il a si fidèlement servie. Pour nous, nous nous plaisions à voir en lui comme sa noble personnification ; il la représentait dans ses austères grandeurs et aussi dans son héroïsme, comme on nous le rappelait avec tant d'éloquence. Et puis, surtout, il s'était donné à elle tout entier, lui consacrant ses meilleures affections et ses meilleures forces, maintenant ses pures traditions de croyance. D'un autre côté, n'appartenait-il pas à toutes nos Eglises par cette même foi et par son caractère si profondément chrétien ! Quoique représentant au milieu de nous le glorieux passé de la Réforme française, il s'était associé avec une ardeur toujours jeune au grand mouvement de réveil qui s'est produit au milieu de nous il y a quarante, ans et son nom est inscrit parmi les fondateurs de nos grandes sociétés religieuses. Il a donné son appui à toute œuvre vraiment chrétienne. Aussi regardions-nous à lui comme à l'un des pères de notre réveil. Nous n'en sentons pas moins tout ce que ce deuil a de particulièrement douloureux pour sa propre Eglise et il nous est précieux de nous y associer du fond du cœur. Qu'une telle carrière est admirable ! Qu'il est beau de mourir ainsi après un pèlerinage si long et si chrétien ! Comme on sent qu'une telle mort n'est pas une fin, mais le com-

mencement de la vie bienheureuse, la consommation
de l'être immortel en son Dieu! Bénie soit pour tous
cette pure mémoire! Et que les plus riches consolations
du ciel descendent sur la famille affligée, sur l'Eglise en
deuil — et sur nous tous!

Enfin, M. le pasteur Dhombres, chargé par la famille de présider cette seconde partie de la cérémonie
funèbre, a prononcé le dernier discours et les dernières
prières. Il s'est exprimé ainsi :

*« O mort, où est ton aiguillon? O sépulcre, où est ta victoire? Or,
l'aiguillon de la mort, c'est le péché ; et la puissance du péché,
c'est la loi. Mais grâces à Dieu, qui nous a donné la victoire par
notre Seigneur Jésus-Christ »* (1 Cor. XV, 55-57).

Messieurs,

C'est dans la pleine lumière et dans la triomphante
certitude de ces paroles inspirées que je viens accomplir
le dernier acte des funérailles de M. le pasteur Juillerat.

Qu'elle est belle et consolante cette immortalité chrétienne formulée par le grand apôtre! Ce n'est pas cette
vague et banale espérance dont se contente l'homme du
monde. Ce n'est pas cette survivance impersonnelle à
laquelle ose nous réduire la sagesse du siècle. Ce n'est

pas « une de ces immortalités qui meurent à leur tour, » pour me servir d'une parole prononcée naguère sur une tombe illustre... Non, c'est l'immortalité distincte et personnelle qui seule répond aux besoins éternels du cœur humain. C'est l'immortalité, dont la révélation écrite de Dieu, qui est la Bible, et la Révélation vivante de Dieu, qui est Christ, nous disent avec une si précieuse clarté la nature, le séjour, les conditions, la source et la garantie. C'est l'immortalité dépouillée de toutes ses terreurs et revêtue de toutes ses gloires par la rédemption de Jésus-Christ. C'est l'immortalité acquise par le sang de l'Agneau à l'homme condamné par la loi, mais sauvé par la grâce. C'est l'immortalité pleine et entière qui, réalisée pour l'âme au moment de la mort, étendra au corps lui-même ses conséquences glorieuses, et le fera revivre au dernier jour, à la voix de Jésus-Christ!

Voilà l'immortalité à laquelle notre frère a cru d'une foi ferme et invariable; qu'il a prêchée pendant soixante-deux ans d'un ministère fidèle, par laquelle il a consolé des milliers d'affligés, et qui nous console aujourd'hui sur sa tombe, tandis que lui-même, dès à présent, la connaît mieux que nous, la possède et la goûte dans le sein de Dieu!

Aussi, mes frères, je crois pouvoir résumer toutes les paroles qui ont été prononcées aujourd'hui et toutes les impressions qui remplissent nos cœurs, en disant que nous éprouvons à cette heure, au sein d'une profonde douleur, une profonde paix.

Cette paix nous la ressentons sur la tombe de tout chrétien, à quelque heure et dans quelques circonstances que se soit achevée sa course terrestre. Mais elle est plus sensible en quelque sorte, cette précieuse paix, elle coule plus aisément dans nos cœurs, lorsque la mort des serviteurs de Dieu est le terme d'une longue carrière et d'une heureuse vieillesse. On peut bien dire alors que leur fin « ressemble au soir d'un beau jour, » derrière lequel l'œil humain voit sans effort se lever l'aube éternelle! Telle a été la fin de notre vénéré frère. Il est mort *en bonne vieillesse, rassasié de jours,* comme les patriarches bibliques. Tandis qu'un Adolphe Monod était retiré dans la plénitude de sa force et dans la riche maturité de son génie oratoire, tandis que blessé mystérieusement et profondément par la mort, il n'était vaincu par elle qu'après un combat prolongé qui a transformé son lit de douleur en une chaire éloquente; — tandis qu'un Antoine Vermeil, bien longtemps avant de nous être ravi, était arrêté dans son activité si chrétienne, si charitable et si féconde par une mort anticipée qui a duré huit ans; — M. le pasteur Juillerat a eu le privilége de conserver jusqu'aux extrêmes limites de la vie non pas la plénitude de sa vigueur, mais une mesure suffisante de forces pour rester jusqu'à la fin à la tête de notre

Eglise. Sa longue et belle vieillesse nous a graduellement préparés à son délogement.

Toutefois, l'heure de son départ est venue, et de quelque consolation qu'elle soit entourée, elle n'en est pas moins déchirante pour nos cœurs.

Nous ne vous verrons donc plus, cher et vénéré frère, assis sur les bancs de nos temples, avec votre belle couronne de cheveux blancs, auditeur assidu tant que votre santé vous l'a permis (et elle vous le permettait encore il y a quelques semaines), auditeur sympathique, auditeur indulgent, au pied de cette chaire que vous aviez si longtemps et si dignement occupée.

Nous ne vous verrons plus dans les conseils de l'Eglise présidant à nos délibérations avec tant de zèle, avec tant de calme et avec une fermeté qui savait s'unir à la modération la plus bienveillante.

Nous ne vous verrons plus dans votre modeste intérieur tout rempli par l'affection d'une fille bien-aimée, et le pasteur qui, pendant quelques années, a eu le privilége d'exercer le saint Ministère sous vos auspices, ne pourra plus recevoir les leçons de votre expérience, ni écouter le récit toujours si plein d'intérêt de vos longs souvenirs !

Nous ne vous verrons plus.... mais votre image vénérée restera à jamais gravée dans nos cœurs. Vous demeurerez pour nous l'un des plus nobles représentants de cette génération qui touchait à la race héroïque des pasteurs du désert, comme les Clément de Rome et les Ignace d'Antioche touchaient à la génération apostolique, et avaient pressé les mains d'un saint Paul ou d'un saint Jean.

Pasteurs, mes chers collègues dans le ministère, efforçons-nous de continuer la belle et forte tradition qui se personnifiait en lui. Recueillons le double héritage qu'il nous laisse, l'attachement à l'Evangile, et l'attachement à l'Eglise. Conservons, au milieu des entraînements du jour, cette noble simplicité, ces habitudes modestes, ces mœurs antiques, dont il ne s'est jamais départi, et qui doivent être le trait caractéristique du pasteur protestant!

Et vous, fidèles de cette Eglise, honorez sa mémoire en gardant la foi qu'il a gardée lui-même. Gardez-la à travers les tentations du doute et les enchantements du siècle! Gardez-la et elle gardera notre Eglise! Elle y ramènera une paix solide et bien fondée, une charité digne de ce nom, une piété vivante, une prospérité réelle et durable. Gardez-la et elle gardera vos âmes. Elle vous apprendra à bien vivre et à bien mourir. Et ceux qui vous accompagneront au champ du repos éprouveront, en se séparant de vous, la paix que nous éprouvons à cette heure, et ils répéteront avec confiance sur votre tombe la parole de l'Apôtre : *O mort, où est ton aiguillon?*

O sépulcre, où est ta victoire?... Grâces à Dieu, qui nous a donné la victoire par notre Seigneur Jésus-Christ !

Mes frères, le moment de l'adieu suprême est arrivé.

(Ici le pasteur a jeté la terre sur le cercueil et a dit :)

Nous déposons dans cette tombe avec un religieux respect, la dépouille mortelle de Henri-François Juillerat, pasteur-président de l'Eglise Réformée de Paris. Nous rendons la poudre à la poudre, la cendre à la cendre, la corruption à la corruption, en attendant le jour glorieux de la bienheureuse résurrection par Jésus-Christ notre Seigneur ! Amen.

Adieu donc, cher et vénéré frère en Christ ! Adieu, au nom de votre fils dont nous voyons couler les larmes auxquelles se mêlent si justement les nôtres ! Adieu, au nom de sa compagne, qui était pour vous une tendre fille, comme vous étiez pour elle le meilleur des pères ! Adieu, au nom de celle qui ne semblait vivre que pour vous, et dont nous serions tentés de dire qu'elle n'a plus de tâche à remplir ici-bas, si elle n'avait appris de vous que la vie, même la plus dépouillée, a toujours un but : le service de Dieu et l'amour de nos frères ! Adieu, au nom de tous les pasteurs de cette Eglise, pénétrés pour vous des sentiments d'une vénération filiale ! Adieu, au nom des pasteurs des Eglises sœurs de la nôtre, qui ont prononcé sur votre tombe des paroles si sympathiques et si fraternelles! Adieu, au nom des membres du Consistoire, du Diaconat, et du Conseil central! Adieu, au nom de ces fidèles qui se pressent autour de votre cercueil et parmi lesquels nous voyons des hommes, des femmes de tout rang et de toute condition, et des enfants de nos écoles, touchant cortége du vieux pasteur! Adieu, au nom de l'Eglise Réformée de France tout entière, que vous avez tant aimée, et qui perd en vous l'un de ses plus fidèles serviteurs, l'une de ses plus pures gloires!

Ah! nous voudrions le prolonger encore, mes chers frères, cet adieu du tendre respect, de l'affection, de la gratitude, cet adieu de la famille, des collègues, et de l'Eglise..., mais il faut finir!

Finissons par une prière :

O Dieu, maître de la vie et de la mort! Tu nous avais donné ce bien-aimé frère! Tu l'avais donné à sa famille, tu l'avais donné à l'Eglise!... Tu l'as ôté, Seigneur! Que ton saint nom soit béni! Fais-nous du bien par sa mort comme tu nous en as fait par sa vie! Et que chacun de nous, en s'éloignant de cette tombe d'un vrai chrétien, fasse en son cœur cette prière : « *Que je meure de la mort des justes, et que ma fin soit semblable à la leur!* » Amen.

L'assistance, vivement impressionnée par ces paroles pleines d'onction éloquente, s'est alors retirée, emportant le souvenir de ce convoi dont on avait volontairement exclu toute pompe mondaine, dont le seul ornement avait été la présence des enfants de nos écoles et qui a laissé dans les âmes des émotions salutaires et durables de foi et d'union chrétiennes.